C M Y K
COLOR GUIDE
for print production

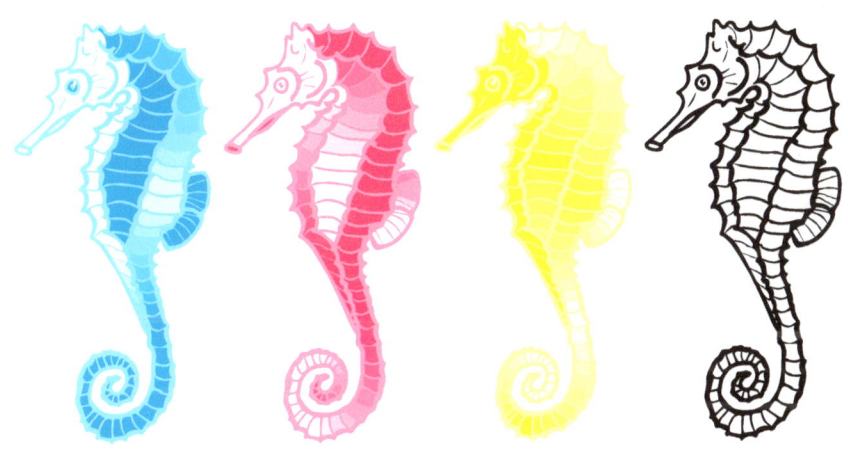

WYDAWNICTWO VATORI

Cyan	Magenta	Yellow	Black
5	5	5	5
10	10	10	10
15	15	15	15
20	20	20	20
25	25	25	25
30	30	30	30
35	35	35	35
40	40	40	40
45	45	45	45
50	50	50	50
55	55	55	55
60	60	60	60
65	65	65	65
70	70	70	70
75	75	75	75
80	80	80	80
85	85	85	85
90	90	90	90
95	95	95	95
100	100	100	100

Black – Cyan

%	10	20	30	40	50	60	70	80	90	100
10										
20										
30										
40										
50										
60										
70										
80										
90										
100										

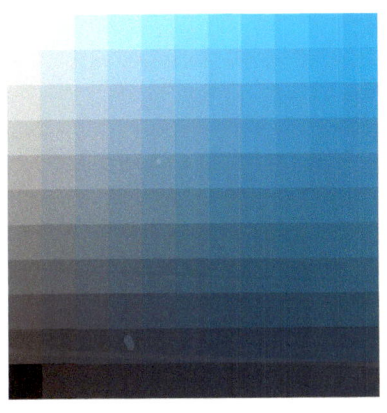

%	5	10	15	20
5				
10				
15				
20				

Black – Magenta

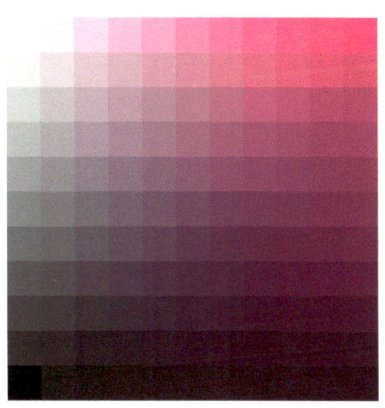

III

Black – Yellow

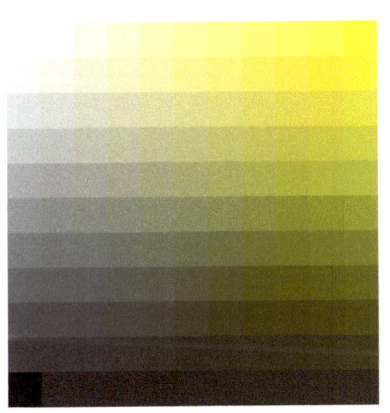

Cyan – Magenta

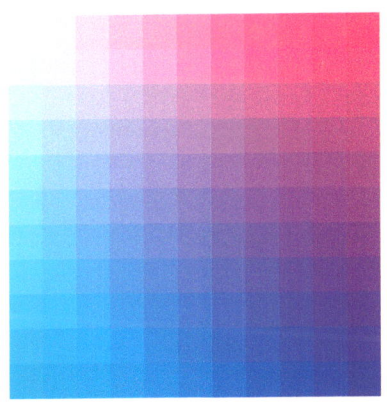

Cyan – Magenta – Yellow

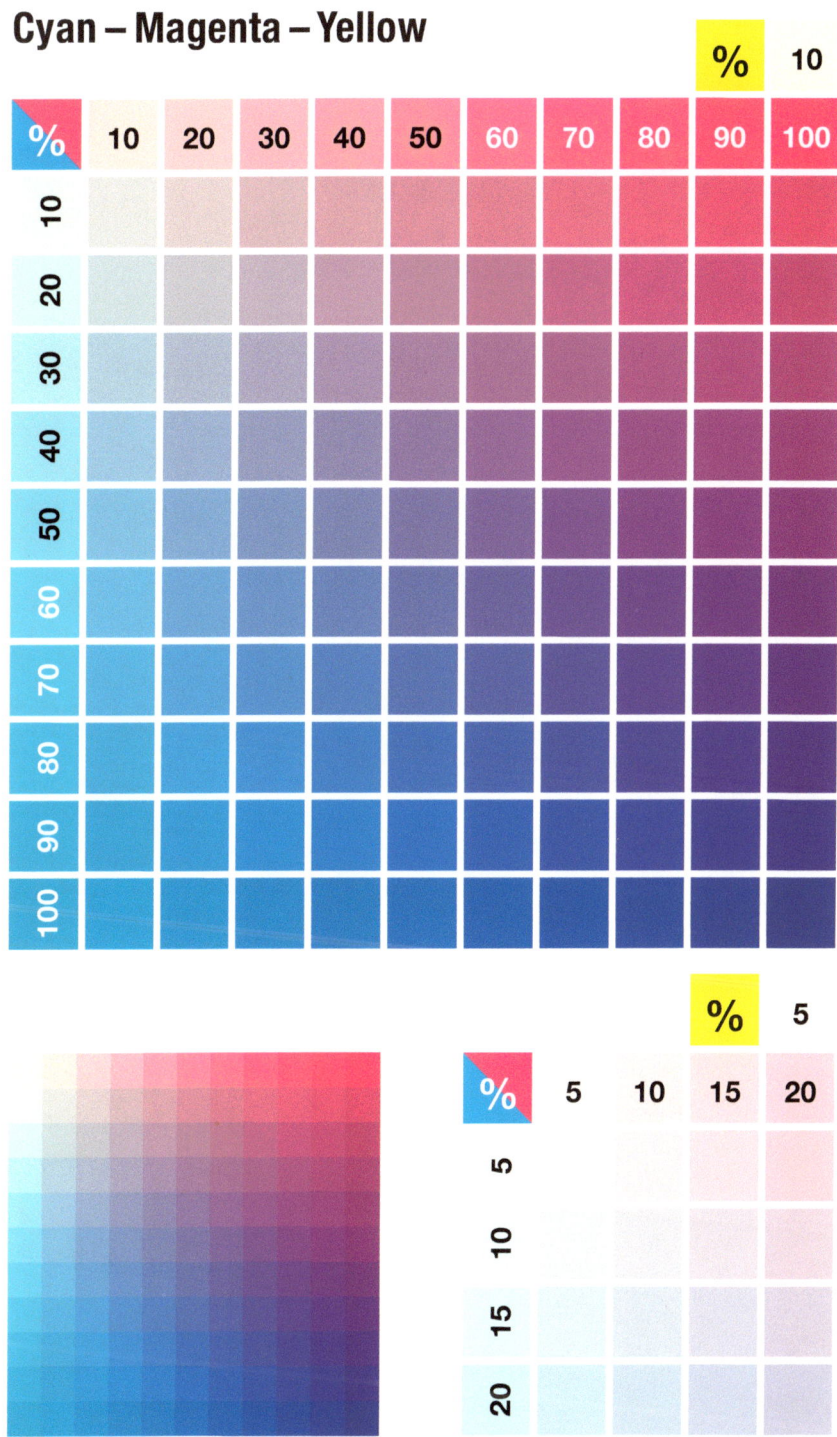

Cyan – Magenta – Yellow

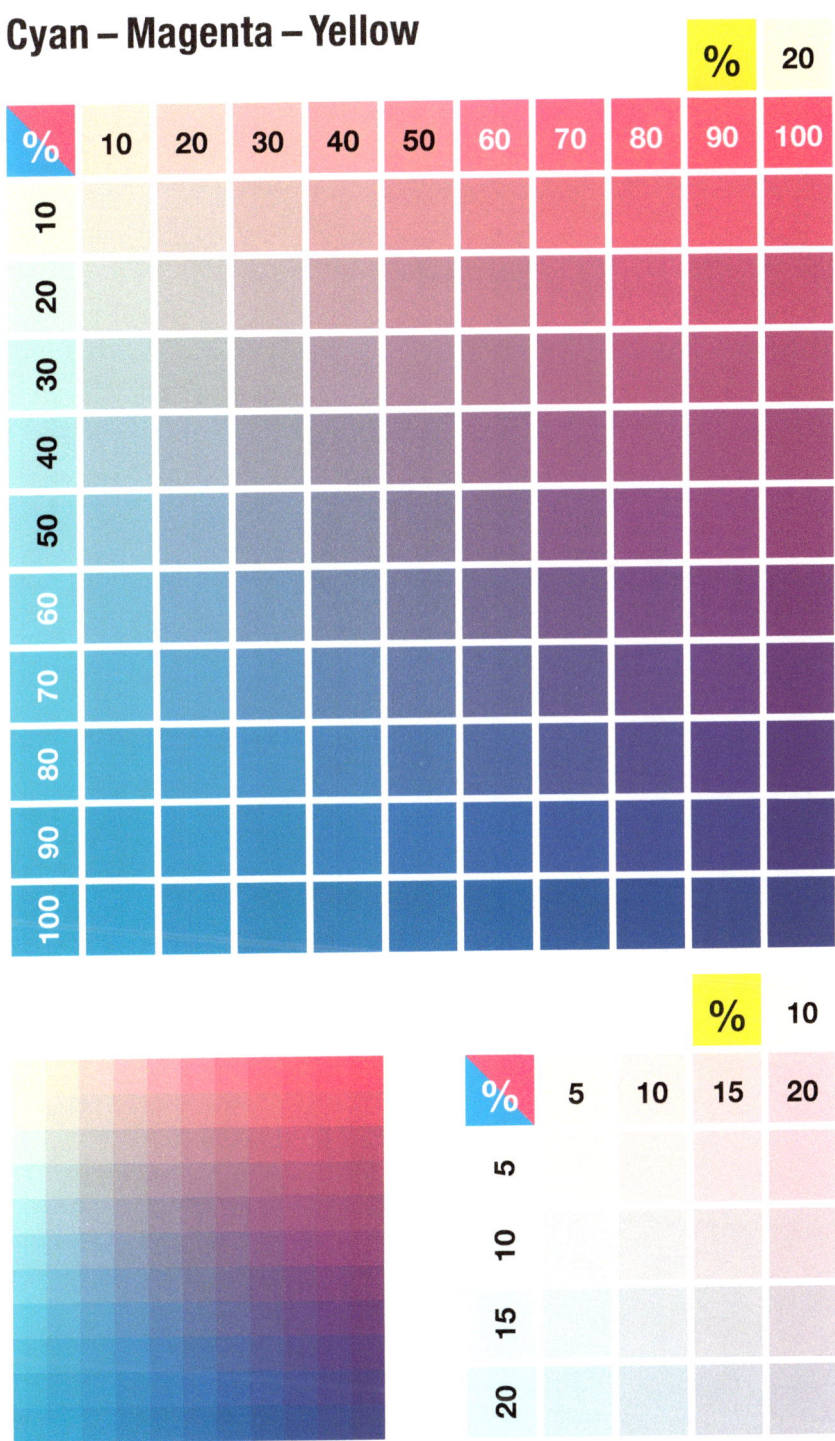

Cyan – Magenta – Yellow

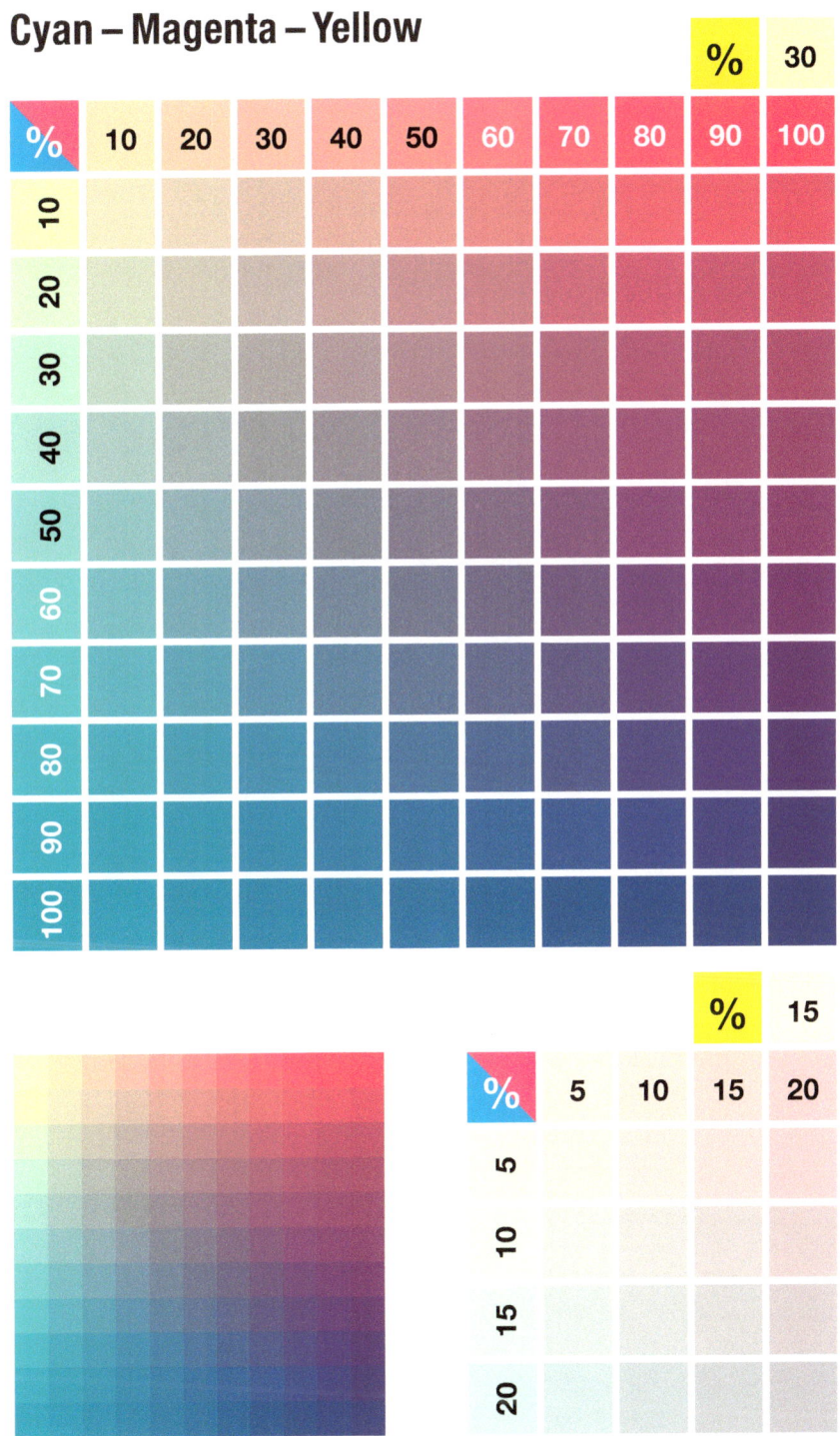

Cyan – Magenta – Yellow

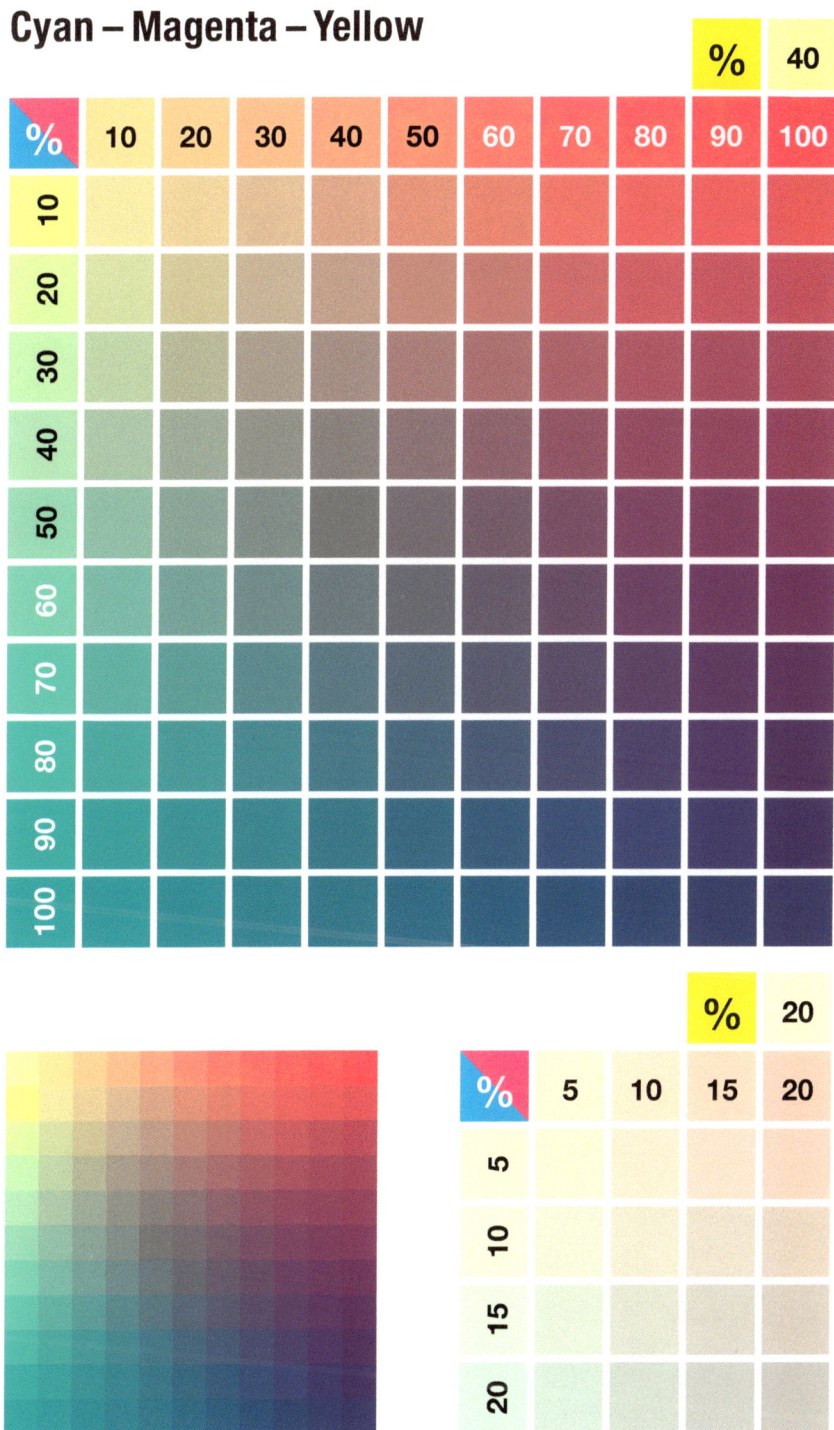

Cyan – Magenta – Yellow

%		50

%	10	20	30	40	50	60	70	80	90	100
10										
20										
30										
40										
50										
60										
70										
80										
90										
100										

%				25

%	5	10	15	20
5				
10				
15				
20				

X

Cyan – Magenta – Yellow

| % | 60 |

%	10	20	30	40	50	60	70	80	90	100
10										
20										
30										
40										
50										
60										
70										
80										
90										
100										

| % | 30 |

%	5	10	15	20
5				
10				
15				
20				

XI

Cyan – Magenta – Yellow

XII

Cyan – Magenta – Yellow

Cyan – Magenta – Yellow

Cyan – Magenta – Yellow

%	100

%	10	20	30	40	50	60	70	80	90	100
10										
20										
30										
40										
50										
60										
70										
80										
90										
100										

%	20

%	5	10	15	20
25				
30				
35				
40				

XV

Cyan – Magenta – Yellow – Black

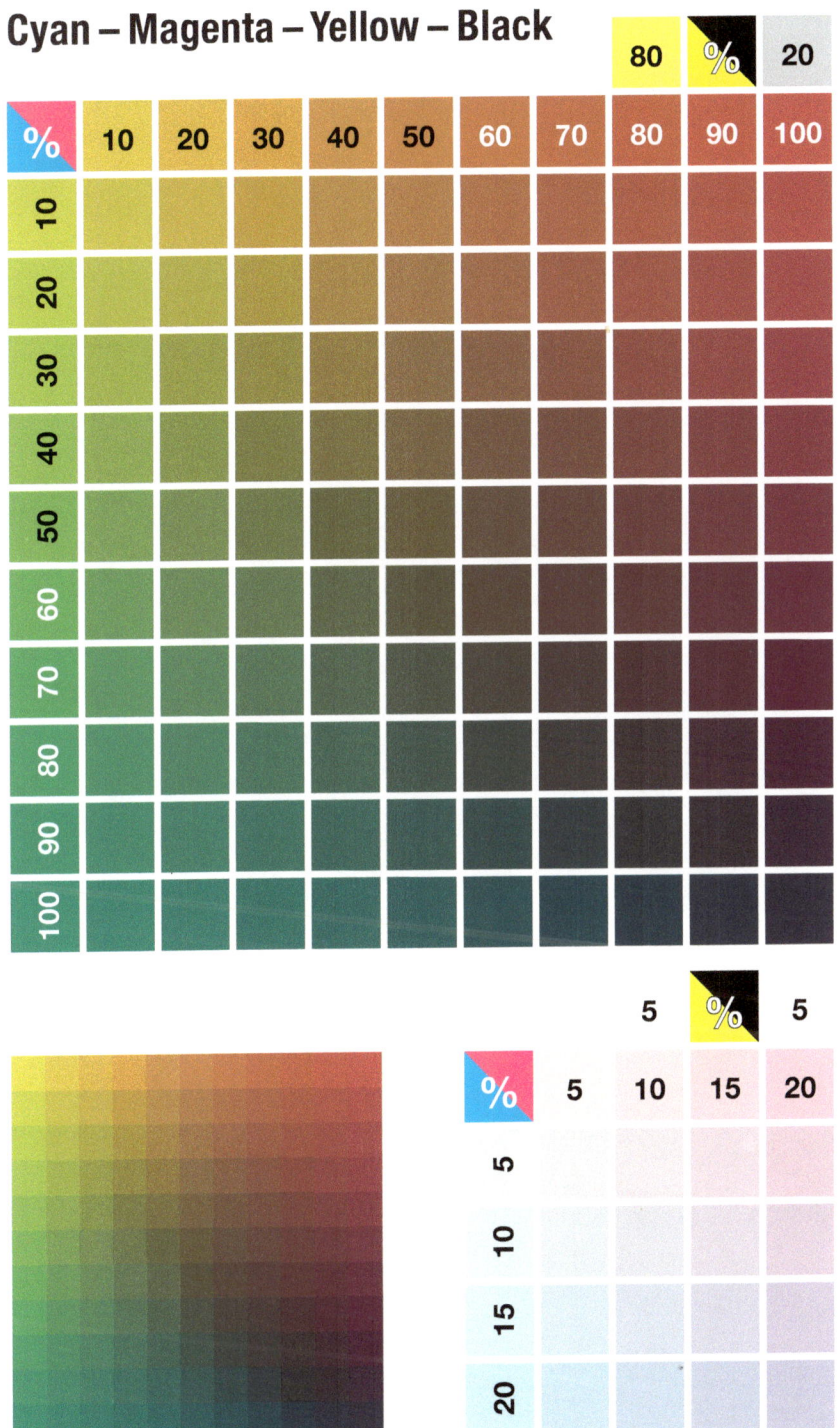

Cyan – Magenta – Yellow – Black

XVII

Cyan – Magenta – Yellow – Black

XVIII

Text

K %

30 pts., Bold, K 30%
Easy-to-read text

24 pts., Condensed Bold, K 40%
Easy-to-read text

18 pts., Medium, K 50%
Easy-to-read text

14 pts., Medium Italic, K 60%
Easy-to-read text

12 pts., Bold, K 80%
Easy-to-read text

11 pts., Light, K 100%
The art of producing easy-to-read text.

10 pts., Medium, K 0%

The art of producing easy-to-read text.

The art of producing easy-to-read text.

Background

K 80%

K 60%

10 pts., Medium, K 100%

The art of producing easy-to-read text.

The art of producing easy-to-read text.

K 40%

K 20%

T: K 20%
B: K 0%

B: K 40%

B: K 60%

B: K 80%

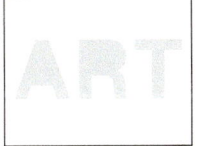 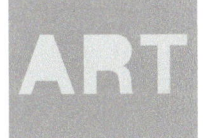 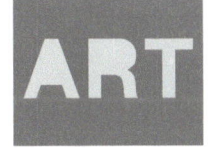 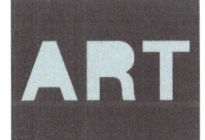

XIX

1 pt.
K: 60%   K: 40%   K: 20%   M: 100% Y: 100%   M: 100%

0,75 pt.
K: 80%   K: 60%   K: 40%   C: 100% M: 60%   C: 100%

0,5 pt.
K: 100%   K: 50%   C: 100% M: 60%   C: 100%   M: 60% Y: 100%

0,25 pt.
K: 100%   C: 100% Y: 100%   C: 100% M: 60%   C: 60% M: 100%   M: 100% Y: 100%

2 pts.
K: 40%   C: 100% Y: 100%   C: 100% M: 60%   C: 60% M: 100%   M: 100% Y: 100%

4 pts.
K: 60%   K: 40%   K: 20%   M: 60% Y: 100%   Y: 100%

XX

Table of Contents

Cards	
I	Cyan, Magenta, Yellow, Black > 5–100 %
II	Black – Cyan > 10–100 %, 5–20 %
III	Black – Magenta > 10–100 %, 5–20 %
IV	Black – Yellow > 10–100 %, 5–20 %
V	Cyan – Magenta >10–100 %, 5–20 %
	Cyan – Magenta – Yellow
VI	C: 10–100 %, M: 10–100 %, Y: 10 % C: 5–20 %, M: 5–20 %, Y: 5 %
VII	C: 10–100 %, M: 10–100 %, Y: 20 % C: 5–20 %, M: 5–20 %, Y: 10 %
VIII	C: 10–100 %, M: 10–100 %, Y: 30 % C: 5–20 %, M: 5–20 %, Y: 15 %
IX	C: 10–100 %, M: 10–100 %, Y: 40 % C: 5–20 %, M: 5–20 %, Y: 20 %
X	C: 10–100 %, M: 10–100 %, Y: 50 % C: 5–20 %, M: 5–20 %, Y: 25 %
XI	C: 10–100 %, M: 10–100 %, Y: 60 % C: 5–20 %, M: 5–20 %, Y: 30 %
XII	C: 10–100 %, M: 10–100 %, Y: 70 % C: 5–20 %, M: 5–20 %, Y: 35 %
XIII	C: 10–100 %, M: 10–100 %, Y: 80 % C: 5–20 %, M: 5–20 %, Y: 40 %
XIV	C: 10–100 %, M: 10–100 %, Y: 90 % C: 5–20 %, M: 25–40 %, Y: 20 %
XV	C: 10–100 %, M: 10–100 %, Y: 100 % C: 25–40 %, M: 5–20 %, Y: 20 %
	Cyan – Magenta – Yellow – Black
XVI	C: 10–100 %, M: 10–100 %, Y: 80 %, K: 20 % C: 5–20 %, M: 5–20 %, Y: 5 %, K: 5 %
XVII	C: 10–100 %, M: 10–100 %, Y: 60 %, K: 40 % C: 5–20 %, M: 5–20 %, Y: 10 %, K: 10 %
XVIII	C: 10–100 %, M: 10–100 %, Y: 30 %, K: 40 % C: 5–20 %, M: 5–20 %, Y: 15 %, K: 15 %
XIX	Text and Background
XX	Lines

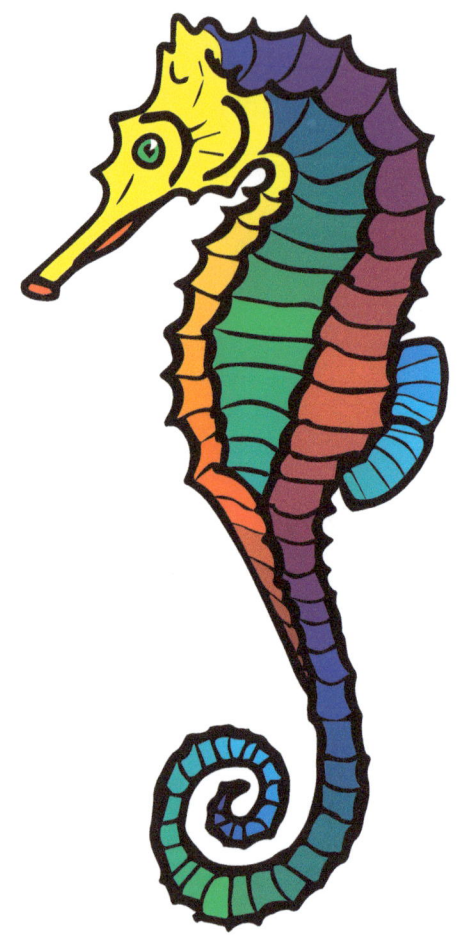